MÉMOIRE

HISTORIQUE, GÉOGRAPHIQUE ET POLITIQUE

SUR

L'ALGÉRIE,

suivi

D'UN PLAN D'OCCUPATION GÉNÉRALE ET DU SYSTÈME FINANCIER ET ADMINISTRATIF D'UNE SOCIÉTÉ D'ACTIONNAIRES DONT LE CAPITAL SOCIAL SERAIT DE CINQUANTE MILLIONS, DESTINÉS A ÉTABLIR UNE GRANDE COLONISATION.

PAR

Charles-Pierre de Mazarieux,

Ancien magistrat.

> De la nécessité d'établir des colonies pour
> prévenir les commotions politiques
> que produit le trop plein social.

Prix : 2 francs.

SE VEND A PARIS

PLACE-SAINT-GERMAIN-L'AUXERROIS, 41.

1840

MÉMOIRE

HISTORIQUE, GÉOGRAPHIQUE ET POLITIQUE

SUR

L'ALGÉRIE,

suivi

D'UN PLAN D'OCCUPATION GÉNÉRALE ET DU SYSTÈME FINANCIER ET ADMINISTRATIF D'NUE SOCIÉTÉ D'ACTIONNAIRES DONT LE CAPITAL SOCIAL SERAIT DE CINQUANTE MILLIONS, DESTINÉS A ÉTABLIR UNE GRANDE COLONISATION.

PAR

Charles-Pierre de Nazarieux,

Ancien magistrat.

De la nécessité d'établir des colonies pour
prévenir les commotions politiques
que produit le trop plein social.

SE VEND A PARIS

PLACE SAINT-GERMAIN-L'AUXERROIS, 41.

—

1840

AVERTISSEMENT.

J'avais écrit cet ouvrage avant le traité de la
Tafna, lorsque nous possédions l'Algérie par droit
de conquête ; lorsque des plaines fertiles offraient
à la colonisation un champ vaste, lorsque les
tribus divisées et incertaines n'attendaient qu'une
occasion pour se soumettre à notre autorité. Mais
ce traité ayant réuni les tribus sous un seul chef,
ce traité ayant déshérité la France d'un empire
conquis au prix du sang de ses enfans, pour en
faire don à celui de tous les chefs arabes qui, par
son caractère, son ambition, son audace, était
celui qu'il n'eût jamais fallu choisir, si l'on eut
cru possible de maintenir les indigènes dans un
état de paix, et de bon voisinage, en leur donnant
un chef de leur nation. Idée fausse, idée contraire à la raison, et à l'expérience des siècles ;
idée dont l'exécution, comme je l'avais dès long-

temps prévu, devait avoir des suites funestes!....
Dans cet état de choses, j'ai alors retardé l'impression de cet ouvrage, ne jugeant pas opportun de publier un projet de grande colonisation quand il n'y avait plus de terres à coloniser.

Suivant de l'œil les événemens, j'ai modifié ou développé mon travail, selon les mouvemens ondulatoires de la pensée publique ; l'opinion de ces hommes sans génie, ou sans patriotisme, ne m'a jamais donné d'inquiétudes sur les destinées de l'Algérie. En vain les anglomanes invoquaient de tous leurs vœux l'abandon de ce beau pays!... Je savais bien que la raison éclairée d'un grand peuple ferait tôt ou tard justice d'un plan aussi contraire aux intérêts de la France. Le temps de déception est passé!.... Arrière, les hommes qui oseraient professer un système anti-national!....

Intimement convaincu qu'une colonie est non seulement utile, mais indispensable pour ouvrir un vaste débouché au commerce, aux arts et à l'excessive exubérance de la population, lorsque les grands corps de l'État s'occupent de cette grave question, j'ai cru le moment favorable pour publier cette brochure.

Je prie mes concitoyens de ne voir, dans cet ouvrage, que le désir de faire une chose utile à la France.

PRÉFACE.

Lorsqu'une nation est parvenue à un degré de population qui n'est en rapport ni avec l'étendue de son sol, ni avec les besoins de l'agriculture, du commerce et des arts, il existe chez elle un malaise social, effet inévitable du trop plein et de l'impossibilité d'utiliser tant de bras et tant d'intelligences. Une longue paix a placé la France dans cette catégorie : il y a exubérance de population, de produits, d'idées, de systèmes : tout indique une nouvelle commotion sociale, si l'on ne se hâte de lui procurer un écoulement efficace.

Montesquieu pensait, et l'histoire des nations nous apprend que, dans un tel état de choses, la fondation d'une colonie est le plus puissant moyen pour éviter une catastrophe.

Il ne faut pas se le dissimuler, si les agitations qui troublent l'ordre social proviennent de ce que quelques ambitieux ont soif du pouvoir, elles proviennent encore plus de ce qu'un très grand nombre d'individus de toutes classes, n'ayant aucune existence assurée, cherchent dans les commotions politiques un remède à leurs maux.

Vain espoir !... Nul gouvernement ne pourrait les satisfaire, tant qu'on s'obstinera à contenir cette masse d'hommes inoccupés dans un cercle, où elle ne peut se mouvoir efficacement.

La Providence qui veille sur la marche progressive des peuples nous a donné l'Algérie, pays vaste et fertile, propre à recevoir l'excédent de notre trop nombreuse population : — Gardons-nous de dédaigner ce précieux don ! Gardons-nous d'écouter ces anti-colonistes qui accusent d'épuisement un sol qui se repose depuis des siècles : comme si le repos pouvait produire l'épuisement ; gardons-nous de croire à la stérilité d'une terre qui produit des caroubiers, des figuiers, des palmiers, des saules pleureurs d'une grosseur et d'une élévation prodigieuses, dont l'éclatante verdure témoigne de la vigueur, et de la fécondité du sol !

Gardons-nous de ne pas reconnaître dans les forêts de graminets de grandeur colossale, qui couvrent les terres incultes, la prodigieuse force vitale qui leur donne ce développement inoui !..

L'Algérie, cette colonie romaine, cette terre si fertile, fatiguée de son repos, n'attend que la main du cultivateur européen pour se couvrir d'abondantes moissons !.... Sur cette terre qui n'est qu'à cent quatre vingts lieues des côtes de France, le planteur intelligent et laborieux verra prospérer toutes les productions qu'autrefois nos pères allaient chercher si loin et à de si grands frais !..

Sur les bords du Chiliff, de la Macta, de la Mina et de tant d'autres rivières, on verra s'élever des villes florissantes qui occuperont un grand nombre d'ouvriers en tout genre; le commerce et les arts y trouveront des avantages immenses; enfin l'occupation générale offrira au gouvernement la possibilité d'employer utilement pour la France cette multitude de jeunes hommes qui par leur éducation et leurs études sont propres à tous les emplois, et ne peuvent en obtenir aucun dans la métropole, parce qu'il y a exubérance dans toutes les classes de la société.

Que le pouvoir y songe bien, le trop plein social produit le malaise, le malaise l'agitation, l'agitation des troubles, et enfin les révolutions !..

Le repos de la France dépend en grande partie d'une grande colonisation : mais longtemps encore des cultures isolées faites par des particuliers seraient coûteuses, dangereuses et sans efficacité. En vain le gouvernement concéderait à vil prix des terres vierges à des cultivateurs européens ; ils n'auraient ni les capitaux nécessaires, ni les moyens indispensables, pour résister aux attaques des bandes nomades ; l'expérience ne l'a que trop prouvé !....

Longtemps après même la destruction des corps d'armées indigènes, les hordes errantes se répandront comme des laves volcaniques sur une terre qu'elles n'auront quittées qu'à regret !...

Il n'y aurait qu'une puissante société d'actionnaires qui pourrait supporter les dépenses d'assainissement, de canalisation, de défrichement, d'irrigation , de construction , de culture qui puisse avoir des résultats avantageux, et résister, au besoin, par le grand nombre d'engagés à sa solde, organisés militairement, aux attaques imprévues des Arabes, en attendant les secours des postes français.

Mais lorsque le pays sera déblayé de ces hordes incivilisables, et qu'une compagnie puissante aura fait construire, au centre de ses exploitations, des villages fortifiés, d'où sortiront au besoin des bataillons coloniaux pour repousser et châtier ces bandes nomades ; alors, et seulement alors sur les flancs, et aux approches de ces nouvelles forteresses, pourront se former des établissemens particuliers ; comme autrefois en France les habitans des campagnes établissaient leurs demeures près des murs, et sur le versant de la montagne, au sommet de laquelle s'élevait majestueusement l'antique manoir de leur protecteur.

CHAPITRE Ier

Précis historique, géographique et politique contenant l'indica-
tion des races aborigènes, et une notice sur les mœurs, les
usages et les costumes des indigènes actuels.

—

L'Algérie qui est l'ancienne Berbérie, vaste
contrée bornée à l'est par Tunis et Tripoli, à
l'ouest par Maroc, au nord par la Méditerranée,
et au sud par les déserts, a dans le sud 180 lieues
de longueur, et dans le nord 280.

Sa lisière végétale de la mer aux montagnes
varie de 45 à 75 lieues de largeur, selon les si-
nuosités des chaînes de l'Atlas ; et si l'on étend ses
possessions jusqu'au 31e degré de latitude, cette
lisière s'élargit de 100 à 160 lieues ; l'étendue de
son littoral est de 250 lieues : sa surface de
30,000 lieues carrées, dont 8000, d'une végétation
tropicale.

Sa configuration orographique présente deux

bassins, entre lesquels s'élève l'Atlas. Celui situé sur le versant méridional, et par delà, à l'exception de quelques montagnes couvertes de forêts, est presque totalement aride, nu et brûlé par les feux du soleil. Mais celui qui se trouve sur le versant septentrional, c'est-à-dire entre l'Atlas et la mer; celui-là est riant, fertile, richement arrosé par un grand nombre de rivières. On y trouve également plusieurs lacs qui contiennent du sel, ainsi que les magnifiques et inépuisables salines d'Arzer.

L'Atlas porte dans ses flancs du fer, du plomb, du cuivre, de l'argent, de l'or ; ce colosse contient aussi du marbre, et du granit : tous ses rameaux sont couverts d'épaisses forêts de chênes, d'oliviers, de palmiers, d'une dimension prodigieuse, et à l'ombre de ses arbres séculaires croissent la cama, la bruyère, l'aloës, la sauge, la lavande, la solsona, et l'héliotrope.

Dans les plaines fertiles de ces belles contrées, le blé, le blé d'inde, le maïs, et le sarpho sont à peine confiés à ce sol si végétal, que déjà la terre se couvre d'abondantes récoltes. L'avoine y croît naturellement, comme le riz dans les plaines immenses de l'Amérique du sud. Çà et là se trouvent des groupes de chênes et le cyprès dont les branches d'une étendue immense offrent aux voyageurs fatigués un abri bienfaisant contre les brûlans rayons du soleil.

Les jardins de l'Algérie sont des lieux enchantés, tous nos arbres fruitiers du midi de l'Europe s'y trouvent confondus avec ceux de ces climats , mais quelle différence de végétation , tout y est grandiose ; la vigne surtout dont les jets rappellent les lianes et les plantes grimpantes des tropiques.

Dans les parties nord et nord-ouest du territoire de l'ancienne régence, la culture de la garance, du safran, de l'indigotier, du cafier, du coton, du thé, se faisait autrefois avec avantage, mais les cultures savantes ont été très négligées, et presque abandonnées par les indigènes actuels.

Depuis 1830, on s'est trop peu occupé de colonisation, pour déterminer la nature des produits qui offriraient une chance favorable dans la plaine de la Mitidja, sur le Sahel et sur les versans du petit Atlas, aux pieds duquel est Blidah ; cependant M. Blanqui, dans son rapport à l'académie, déclare que le mûrier et l'olivier réussissent très bien sur le Sahel ; que l'oranger, le citronnier, le bananier donnent d'abondantes récoltes partout où l'on peut les arroser ; que parmi les champs de coton qui couvrent une partie de la plaine de la Mitidja quelques-uns lui ont paru languissans ; que quant à l'indigo, au poivre, à la canelle, la terre d'Alger peut en produire, mais comme objet de curiosité. Il ajoute que le tabac se fait remarquer par la vigueur et la richesse de sa végétation, et par l'excellence de ses qualités ; l'Algérie semble être sa patrie d'adoption. Enfin il considère la fertile plaine de la Mitidja comme très propre à y établir de grandes cultures, comme dans la Bauce et la Brie. Il est donc constaté maintenant que le sol est fertile, qu'il est propre à de grandes cultures, que le tabac, le coton, le mûrier, l'olivier, l'oranger, le citronnier, le bananier produisent d'abondantes récoltes; et il n'est pas douteux que les plantes tropiques qui du temps des Romains ont été cultivées avec avantage dans les plaines qui bordent le Chiliff, la Mina, la Macta (et que M. Blanqui n'a pu explorer), y prospèreront aujourd'hui quand ces cultures y seront dirigées par des colons connaissant l'art des assolemens.

Le climat de l'Algérie et surtout la partie nord et nord-ouest est doux et salubre; le froid s'y fait à peine sentir pendant quarante jours, et la durée des grandes chaleurs est d'environ trois mois.

Ce beau pays, il y a deux mille ans, se divisait en deux parties; celle orientale appartenait à Massinissa et portait le nom de Numidie; celle occidentale à Syphax et se nommait Mauritanie. Syphax, prince des Gétules, époux da la belle Sophronisbe, fille d'Asdrubal, général carthaginois, aidé des forces de cette république, attaqua Massinissa, le vainquit et s'empara de la Numidie; mais à la seconde guerre punique, Syphax, quoiqu'allié des Romains, prit les armes pour Carthage et fut vaincu à son tour par Massinissa, qui, au siège d'Utique combattit comme auxiliaire

sous les ordres de Scipion. Plus tard, Massinissa, se-
duit par les charmes de la belle Sophonisbe qui était
devenue sa prisonnière, balança entre Rome et
Carthage, mais la crainte de la vengeance l'em-
porta, il sacrifia son amour à son ambition
et il eut pour récompense le royaume de Syphax.
Alors la Mauritanie fut réunie à la Numidie, et
ces deux royaumes furent soumis à la domination
de Massinissa ; mais après la mort de ce prince,
ces vastes régions furent de nouveau partagées
entre Jugurtha, qui eut la Numidie, et Adherbal
à qui l'on donna la Mauritanie. Quarante-cinq
ans avant la naissance du Christ, la Numidie et
la Mauritanie furent, par César, réduites en provinces romaines, et restèrent sous la domination
du peuple roi, jusqu'à la décadence de l'empire.

Après la destruction de l'empire romain, ces
belles contrées furent successivement soumises
aux Vandales, aux Arabes, aux Sarrasins, à Béli-
saire, aux Kalifs, aux frères Khaïr, Enfin à Bar-
berousse qui, au XVIe siècle, y introduisit les
Turcs qui les gouvernèrent jusqu'en 1830, époque
de la conquête.

Maintenant la race la plus ancienne qui habite
encore ces contrées et peut-être la seule qui
puisse se dire aborigène est celle des *Berbères*.
Les uns la font descendre des Gétules dont Syphax
était le prince ; d'autres des Numides et des Ga-
romantes ; d'autres enfin des Sarrasins qui, dans
le VIIe siècle envahirent le nord de l'Afrique ; mais

il est plus probable qu'ils descendent des Gétules
et qu'ils sont aborigènes depuis plus de deux
mille ans, car ils ont donné leur nom aux côtes
du nord de l'Afrique qui dans tous les anciens
historiens sont dénommées Berberie; et ce n'est
que par corruption qu'elles ont été appelées
côtes de Barbarie, pour indiquer, sans doute,
qu'elles étaient habitées par des peuples inci-
vilisés.

Ce qu'il y a de certain, c'est qu'au xv⁰ siècle
les Berbères occupaient encore le littoral de la
Méditerranée, et qu'ils servirent de puissans
auxiliaires à Aroudji (pirate célèbre), pour repousser les Chrétiens qui assiégeaient Alger, et
qu'ensuite ils l'aidèrent à s'emparer de l'autorité
souveraine, après avoir assassiné Sélim-Eutémi-
cheik qui en était gouverneur.

Maintenant les Berbères ont encore quelques
tribus indépendantes dans l'intérieur des terres,
mais ils sont beaucoup plus nombreux le long
de l'Atlas, dans le grand désert et dans le Bilé-
dulgéride.

On trouve chez ces peuples des traces du culte
de Zoroaste. Leur aversion pour les Maures et
les Turcs, derniers dominateurs de ces contrées,
indique qu'ils descendent des anciennes races hu-
maines de ce littoral, qui autrefois, comme je
viens de le dire, portait leur nom, et se nommait Berbérie.

Après les *Berbères* viennent les *Arabes* qui firent leur entrée en Afrique en 647, et habitent depuis des siècles le nord de l'Algérie; ils composent, sous divers noms de tribus, la plus grande partie de la population des campagnes; chaque tribu est formée de plusieurs familles qni vivent sous des tentes, et ont pour chef un kaïf.

L'Arabe des montagnes de l'Atlas, exposé à un froid rigoureux, a une cabane; il cultive également comme celui de la plaine une certaine quantité de terres déterminées pour subvenir à ses besoins.

L'Arabe des limites du désert est seul nomade; il dresse, à son gré, sa tente dans le lieu qu'il croit le plus convenable à son existence, à celle de sa famille, et de ses nombreux troupeanx.

La plus grande partie des habitans des villes se compose de *Maures,* de *Coulougis,* et de *Juifs;* les chefs seuls sont *Arabes.*

Les peuples de la plaine et des montagnes, c'est-à-dire les pasteurs et les agriculteurs, se croient plus grands et plus nobles que les citadins pour lesquels ils n'ont que du mépris.

Aussi Abd-el-Kader qui a senti que sa puissance et son autorité n'existent réellement que sur les races nomades et pastorales, cherche-t-il en toute occasion à reproduire la vie du désert, en s'appuyant sur ce que le prophète n'a répandu la parole divine que parmi les peuplades errantes et simples, comme les populations patriarchales.

Le système politique et gouvernemental d'Abd-el-Kader est absolument contraire à la civilisation, et aux progrès des lumières; tant qu'il conservera du pouvoir dans ces contrées, à l'aide du fanatisme religieux, il aura toujours une grande influence sur les habitans des campagnes soumis à la domination de la France; il n'y aura que les villes dont la population est composée de Maures, de Coulougis et de Juifs dont l'existence dépend du commerce et des arts, qui apprécieront bientôt les avantages immenses qu'ils doivent retirer d'une fréquentation continuelle avec une nation qui est arrivée au dernier degré de perfectionnement social.

L'Arabe est d'une haute stature, et ses vêtemens concourent à augmenter les proportions de sa taille; son teint est pâle et cuivré, ses membres sont maigres, élancés et nerveux; il est très courageux, son impétuosité est sans égale dans l'attaque; pendant la guerre, il est d'une rare sobriété, et peut supporter les privations et les fatigues : mais, de retour sous sa tente, assis au foyer domestique, il s'abandonne à un long repos, et mange outre-mesure.

La femme arabe s'occupe des soins du ménage et des travaux agricoles : celles réputées les plus belles sont fortes, grasses et puissantes.

Le costume de la femme arabe se compose d'une chemise et d'un koïek; elle marche pieds nus, porte des boucles-d'oreilles, des bracelets et un collier; elle coupe ses cheveux, mais elle laisse une mèche sur chaque tempe; elle teint ses mains, ses ongles, ses cils ; enfin, elle est esclave comme dans toutes les contrées soumises aux lois du prophète.

Nul doute que, dans les parties de l'Algérie gouvernée par la France, la femme arabe facilitera les progrès d'une civilisation qui l'affranchirait bientôt d'un avilissant esclavage.

Depuis 1830, la race turque a presque disparu de l'Algérie, et la race maure, qu'on ne trouve plus que dans les villes, a perdu son ancien caractère guerrier, et s'est adonnée au commerce et aux professions mécaniques. Quant à la race juive, elle a, comme partout, non seulement envahi le commerce, mais, contrairement à ses usages, on trouve parmi elle un grand nombre d'artisans qui surpassent en intelligence ceux des autres races : Les femmes juives sont généralement belles, d'une grande propreté et d'une mise recherchée.

Au xvie siècle, au commencement de la domination des Turcs, ces belles contrées furent divisées en 18 provinces ; plus tard, la division eut lieu en trois grands gouvernemens ; savoir : d'Alger au centre ; de Constantine à l'orient, et de Tlemcem à l'occident. Cette dernière division a subsisté jusqu'en 1830.

Au centre de ce vaste territoire, à qui nous avons donné le nom d'Algérie, se trouve Alger, que les uns supposent avoir été l'ancienne Ruscurium, d'autres la célèbre Jeosium. Sa figure blanche triangulaire s'élève sur les bords de la mer enveloppée d'une muraille de brique de 100 pieds d'épaisseur, sur 40 de hauteur, percée de quatre portes ; en 1830, elle n'avait rien de remarquable, que sa Kasaubach, ses mosquées, et son port ; sa Kasaubach est un vaste palais, presque tout de marbre, d'une architecture assez élégante, qui se trouve sur la seule place qui existât alors, et qui était tout à la fois le trésor, et l'habitation du Dey. Parmi les mosquées, une surtout bâtie en 1790, a des proportions grandioses, et se fait remarquer par la beauté de ses trois étages de colonnes de marbre blanc, surmontées d'un dôme qui brille au soleil comme une mer de plomb : son port, tout à fait l'ouvrage des hommes, se forme de deux môles, d'une chaussée, et d'un rocher qui se trouve en avant.

Quant à la ville de 1830, c'était un amas de maisons mal bâties, sans croisées sur les rues, qui, d'ailleurs, étaient si étroites et si sales, qu'on ne pouvait y circuler qu'à cheval, et qu'on y respirait un air peu salubre ; mais la ville de 1840, a un tout autre aspect !.... son port est encombré de navires de toutes les nations, ses quais, bordés de belles maisons, sont obstrués d'une foule immense, qui rappelle le mouvement de nos plus grandes villes d'Europe. A mesure que l'on pénètre dans les rues, la surprise augmente à la vue de jolies maisons garnies de magasins élégans !... on se croirait dans une ville d'Italie, si, arrivé dans la partie supérieure, on n'y rencontrait pas encore les anciennes habitations des Maures qui jusqu'à présent ont échappé au marteau démolisseur des Européens !... Tout, dans cette nouvelle cité, annonce la vitalité et la force, présage certain de sa grandeur future !...

Les environs d'Alger sont magnifiques ; son massif est de la plus grande beauté. Il est tout couvert de maisons élégantes et de jardins délicieux ; vient ensuite le plateau du Sahel, élevé par la nature entre la Méditerranée et la plaine de la Mitidja qui lui sert de base et de ceinture ; ce plateau qui s'étend du cap Matifou au promontoire de Sidi-Ferruch, est partout d'une grande fertilité ; la partie qui fait face à la mer a une foule de sites couverts de villas qui n'ont rien à envier aux plus admirables paysages, la nature s'y déploie dans toute sa magnificence ; derrière le Sahel et jusqu'aux pieds de l'Atlas, s'étend l'immense plaine de la Mitidja ; le grandiose encadrement du Sahel, et de l'Atlas qui l'entourent lui donne un caractère imposant qui enivre l'âme, et la pénètre d'admiration ; l'œil se perd dans un horizon immense, et les regards étonnés se portent sans obstacle jusqu'au sommet de l'Atlas !.... Cette plaine, nouvelle terre promise dont la fertilité a causé la mort à tant d'imprudens colons, lorsque l'armée aura repoussé au loin ces tribus barbares, et que les mesures d'assainissement auront été effectuées, cette plaine

2

couverte de graminets de grandeur colossale produits d'une fangeuse végétation, deviendra un jardin délicieux, un paradis terrestre, où la nature
et l'art se donnant rendez-vous, remplaceront les
graminets par les plantes des tropiques qu'on
allait chercher si loin et à de si grands frais !....
de beaux villages alors couvriront cette plaine,
objet de tant de convoitise ! Des canaux tout en
assainissant le sol, faciliteront les communications, et le transport des produits.

A l'une des extrémités de la Mitidja se trouve
Blidah, l'Éden de cette contrée, avec ses minarets élégants, ses blanches tours, ses beaux jardins ombragés d'orangers, de citronniers, de jujubiers, et de saules pleureurs d'une splendeur
orientale.

Blidah gracieusement assise aux pieds de l'Atlas
promenant ses regards sur cette immense savane,
et les arrêtant pour admirer les magnifiques oasis
qu'elle renferme ; cette ville est destinée par sa
position à devenir un jour l'entrepôt des produits immenses qu'une puissante société d'actionnaires pourrait retirer de cette plaine si féconde
par des cultures bien dirigées.

A l'autre extrémité de la Mitidja se trouve Co-
léah située près de la Chiffa ; la richesse de son
territoire, la beauté de ses eaux, la fertilité mer-
veilleuse de ses vergers plantés comme ceux de
Blidha, de citronniers, d'orangers et d'azadarachs
gigantesques au feuillage lisse et dentelé !...

Cette ville est destinée à partager avec Blidah les avantages que l'on doit retirer un jour de la mise en valeur de la Mitidja.

Sur un mamelon qui domine la riante vallée du Chitiff se trouve Miliana ; cette ville est assez bien bâtie, ses maisons sont élevées, et couvertes en tuiles comme dans le midi de la France ; un mur crénelé l'enveloppe, deux portes l'une à l'est, l'autre à l'ouest en livrent l'entrée. Sa population est d'environ trois mille âmes. Une partie est occupée à fabriquer des étoffes en laine : les professions et les arts mécaniques sont le partage des Juifs.

Au milieu d'une gorge de montagnes, sur une colline aux abords raides et escarpés, se trouve Mascara, entourée de peupliers gigantesques et d'énormes figuiers de Barbarie ; cette ville dont les tiges des minarets étincellent au soleil à travers des touffes de verdure, offre un point de vue ravissant.

Les possessions d'Abd-el-Kader sont situées à trois quarts de lieue de cette ville ; elles consistent dans un marabout, un jardin et quelques terres, c'est là que réside ordinairement sa famille.

Le père de l'émir, mort en 1835, était un marabout célèbre ; Mahïdin avait fait deux fois le voyage de La Mecque ; sa fortune et son zèle religieux lui avaient acquis une haute réputation parmi les Arabes.

A quatre lieues de cette ville, il y a cinq

marabouts construits sur cinq mamelons du centre desquels s'échappent des sources très abondantes qui tombent en nappes écumantes dans de vastes bassins, et se répandent ensuite dans la plaine par des canaux d'irrigation qui rendent son sol riche et productif.

Cette position magnifique conviendrait à de grandes exploitations agricoles.

Dans l'est de l'Algérie sur l'un des versans du petit Atlas, à 40 lieues de Bone et 80 d'Alger, Constantine, l'ancienne capitale de la Numidie, la résidence de Massinissa, la ville des Césars assise sur un rocher entouré de torrens écumeux apparaît aux regards fatigués des immenses steppes qui l'entourent; cette ville fortifiée par l'art et la nature est d'une assez grande étendue, ses maisons sont bâties à l'espagnol et leur architecture est du genre moresque; sa population était d'environ 40,000 ames, mais elle est bien diminuée; c'était après Alger le plus riche des états de la régence.

Bone, l'ancienne Hippone est le port le plus important de la province de Constantine; cette ville est bien moins considérable qu'autrefois, mais elle sera toujours d'une possession précieuse en ce qu'elle est le principal arrivage et le dé-bouché militaire et commercial de l'est de l'Algérie.

Depuis la conquête, de nouvelles constructions

ont été effectuées ; il y a cependant encore beaucoup à faire.

Jusqu'à présent Bone était le seul port où l'on débarquât pour se rendre à Constantine ; mais depuis qu'on a établi une route directe de Stora à Constantine la distance qui sépare ces deux villes, n'étant que de vingt lieues, tandis que celle qui sépare Bone de la capitale de la province est de quarante lieues, il est probable que les arrivages se feront à l'avenir par Stora, et que Bone, ville ancienne, ville que sous tous les rapports on doit se garder d'amoindrir, éprouvera cependant un grand dommage et tombera en décadence si tous les navires, dont les cargaisons auraient Constantine pour destination, opéraient, à Stora, leur déchargement.

Les vieux restes de ruines romaines attestent que Stora fut autrefois un port et une ville importante ; mais maintenant ce n'est qu'une rade déserte et mal assurée contre les vents régnant, et qu'il faut se hâter de fuir dans la mauvaise saison ; pour faire de Stora l'arrivage et le point de départ pour pénétrer dans l'intérieur de la province de Constantine, au lieu de construire Philippeville sur les ruines de l'ancienne Russicada qui n'a point de port, il eut été plus rationnel de la construire sur les ruines de Stora, et de rétablir dans la rade les ouvrages indispensables qui existaient autrefois pour abriter les navires contre les vents d'ouest.

Entre Bone et Constantine il y a des villages et des débris de constructions romaines tel que le fort de Guelma, et sur ce littoral se trouvent Dellys, Bougie, Gigelly, Callo et la Calle.

Dans l'ouest de la régence, à 90 lieues d'Alger, dans un bassin fertile richement arrosé se trouve Tlemcem, ancienne capitale des rois d'Occident, et de la Mauritanie. La province de ce nom est séparée du grand désert par le Bénit-ses-Mittes, elle est bornée au nord par les Racrids et les monts Agaras, et au nord-ouest par les monts Trarahs qui la séparent de l'empire de Maroc.

Cette belle province, après la mort de Syphax, arrivée devant Carthage, combattant contre les Romains, fut donnée à Massinissa; puis ensuite à Adherbal, enfin 45 ans avant la naissance du Christ elle devint colonie romaine.

Dans cette province se trouve également Droma, petite ville située dans une plaine fertile au pieds du mont Trarahs, à cinq lieues des frontières de Maroc et à deux lieues de la mer : elle possède des manufactures d'étoffes de laine, les jardins sont ombragés de cérisiers, d'abricotiers, de figuiers, de jujubiers, de grenadiers, d'oliviers qui produisent d'excellents fruits; le bétail y est à vil prix; cette ville est le point de communication avec le Maroc.—L'occupation de cette place par la France eut amené la ruine d'Abd-el-Kader. — Sur le versant supérieur d'une des branches du petit Atlas, on trouve les ruines d'une an-

cienne ville romaine défendue par un mur crénelé, flanqué de neuf tours, connue maintenant sous le nom de Tekedemta; c'est sur cet
emplacement qu'Abd-el-Kader fait élever un fort
qui doit lui servir de résidence. Ce poste est
d'autant plus important qu'il domine toute la
contrée, et qu'à l'aide de la Mina et du Chiliff
qui la reçoit, on peut établir une communication
facile et prompte jusqu'à la mer.

Au bord de la mer se trouve Arzerw, petit port
entre Alger et Oran, près duquel est l'embouchure du Chiliff; sa position topographique et le
voisinage de ce fleuve font de ce port un point
militaire important. A peu de distance de cette
ville est la fertile plaine que sillonne la Macta,
encore couverte de monuments romains qui in-
diquent que les grands colonisateurs avaient reconnu la fertilité de cette plaine.

Sur ce même littoral, et sur un point très rap-
proché du Chiliff, se trouve également le port
de Cherchell, autrefois célèbre sous le nom de
Julia Cesarea. La ville actuelle n'est qu'une mauvaise bourgade habitée par quelques forbans qui
ont eu l'audace de s'emparer des débris d'un bâ-
timent français, monté par le capitaine Jouve,
qui avait fait naufrage sur ces parages; mais
près de cette bicoque se trouvent les ruines co-
lossales de l'ancienne ville romaine, de la célèbre
Césarée, qui, du temps de sa splendeur, était le
centre de la grande colonisation mauritanique.

Ce point de la côte ne pouvait pas être mieux choisi , près du cours d'un fleuve qui, prenant sa source dans l'Atlas, et recevant les eaux de la Mina et de la Macta , établissait une communication facile avec l'intérieur du pays. Ce choix de localité était digne des Romains!... Il est seulement étonnant que depuis dix ans le gouvernement de la France, s'il a réellement l'intention de coloniser, n'ait pas imité ce grand peuple, et qu'il ait abandonné ce point important: heureusement que la vengeance que nous avons à tirer de la féroce trahison de l'émir, nous donne le droit de nous en emparer. Quel que soit le plan plus ou moins restreint de colonisation future, Cherchel doit être conservé et fortifié , comme le point de départ d'une véritable colonisation. La plus belle partie de la Mitidja est en regard de Cherchell; les bords fertiles du Chiliff, de la Mina et de la Macta, sont les localités propres à une grande colonisation agricole; les plaines arrosées par ces fleuves sont entourées de montagnes couvertes de forêts antiques; il y a donc là bois et eaux!... et réfutation complète aux sophismes des anti-colonistes!... La plaine qui se trouve entre Alger, Blidah et Coleah , quelle que soit sa vigoureuse végétation, n'offre pas autant d'avantages pour une grande colonisation que les rives de ces trois fleuves. La plaine d'Alger n'est propre qu'à alimenter la population de la ville et de sa banlieue; c'est cultiver pour l'approvisionnement d'un point militaire, mais ce n'est pas là coloniser pour rendre possible l'évacuation du trop plein de la métropole, et pour ouvrir un débouché à son commerce. Il eût été à désirer que le savant M. Blanqui eût pu explorer les rives du Chiliff, de la Mina et de la Macta, au lieu de parcourir en vain les steppes arides qui se trouvent entre Stora et Constantine; steppes qu'assurément personne n'a envie de coloniser; son rapport eût inévitablement été d'une plus grande utilité!... Mais il ne dépendait pas de lui de visiter ces belles contrées, elles étaient au pouvoir d'Ad-el-Kader. Le traité de la Taffna lui a livré la plus belle partie de l'ancienne Régence; nous n'avons conservé que les steppes et les marais !...

Sur les bords de la mer, près du mont Ker, à quatre-vingts lieues d'Alger, se trouve Oran, port d'une certaine importance, en regard des côtes d'Espagne. Cette ville fut autrefois momentanément la résidence des beys d'Occident; c'est le point de départ pour Tlemcem, qui n'en est éloigné que de trente-cinq lieues. La France, en cédant la province de Tlemcem à Abd-el-Kader, s'est réservé Oran qui en faisait partie.

A quatre lieues de la rive gauche de Chiliff, et à un quart de lieue de la mer, sur une colline assez escarpée, apparaît Montagenem, entourée d'une ceinture de mauvaises fortifications, mais défendues par plusieurs forts extérieurs. Cette ville comptait autrefois douze mille ames de population, mais elle est aujourd'hui bien moins considérable. Les alentours de Montagemem sont très fertiles, et couverts d'arbres fruitiers de tous les climats. Son territoire produit abondamment du blé et de l'orge ; sur les versans des montagnes voisines se trouvent des sites de la plus grande beauté : l'eau qui descend de ces montagnes, étant dirigée par des canaux d'irrigation d'une manière convenable, on entretiendrait constamment des prairies grasses, dont on tirerait d'abondantes récoltes.

Dans une gorge très fraîche et très boisée, au pied des montagnes, se trouve une jolie petite ville, du nom de *el Kaala*; elle a des jardins délicieux, des sources nombreuses entretiennent une vigoureuse végétation ; ses principaux habitans sont des Coulougis occupés à la fabrication des tapis.

CHAPITRE II.

Des droits que la conquête a donnés à la France en 1830 sur le territoire de l'ancienne régence d'Alger.

Le droit de conquête varie selon la position, et l'état social des peuples vaincus.

Lorsqu'une nation est sortie de l'état nomade, de l'état pastoral, qu'elle est fixée sur un sol, que par une agriculture permanente, elle l'a rendu productif, que par suite du perfectionnement social, ce sol morcelé est devenu la propriété particulière des industrieux habitans de cette contrée ; lorsqu'une nation n'attaque et ne se défend que par des armées régulières, le droit de conquête se réduit à celui de la souveraineté.

Mais dans l'enfance des sociétés, lorsque le territoire conquis, outrepasse les besoins des indigènes, lorsque la dixième partie du sol est a peine cultivée, lorsque les neuf autres parties de

ce sol sont abandonnées à l'œuvre de la nature,
alors le droit de conquête devient plus étendu;
comme héritiers du souverain vaincu, le vainqueur devient propriétaire, non seulement du
domaine privé, mais de toutes les terres incultes
du territoire conquis.

En 1830, la France a bien voulu classer les
états de la régence dans la première catégorie,
en s'engageant, dans la capitulation, à respecter
la propriété; encore bien que son droit fût
dès cette époque, de les classer dans la seconde,
et de déclarer qu'elle entendait disposer à son
gré de toutes les terres dont les indigènes ne jus-
tifieraient pas d'un droit de propriété, appuyé
d'une culture continue; mais le gouvernement
de la France, loin de songer aux droits incontes-
tables que lui donnait la conquête, sur une terre
inoccupée, a abdiqué même les droits que la conquête donne sur un pays civilisé. Nous examine-
rons plus tard cette grave abdication qui a mis
en présence la législation du Koran avec le code
Napoléon, comme s'il était d'usage que les vain-
queurs, pour régler leurs différens adoptassent
les lois des vaincus.

Mais n'interrompons pas la marche des événemens, après avoir établi que le droit sur l'Algérie est celui de la conquête, examinons les deux
graves questions qui ont préoccupé, depuis dix
ans, le gouvernement et les publicistes, je veux
parler de l'occupation et de la colonisation.

CHAPITRE III.

De l'Occupation et de la Colonisation.

On a parfois confondu l'occupation et la colonisation ; l'occupation militaire d'un pays , c'est le fait du gouvernement et de l'armée.

La colonisation est la mise en valeur des terres conquises; c'est le fait de la nation conquérante; elle doit s'opérer par les citoyens isolément où collectivement, sous les auspices du gouvernement et la protection de l'armée.

L'occupation est restreinte où générale, elle est restreinte, et se réduit aux principaux points militaires, lorsqu'on ne veux pas conserver le sol conquis : elle doit être générale, dès qu'on veut conserver et coloniser.

Avant d'appliquer ces principes il fallait d'abord décider si l'on conserverait l'Algérie comme point militaire, où si l'on coloniserait ce beau pays.

Les anti-colonistes', s'appuyant sur le prétendu épuisement du sol, en grande partie couvert de flacques d'eaux pestilentielles, sur le manque de de bois , l'absence d'eau, la férocité des races indigènes, étaient d'avis de l'abandon, ou tout au moins d'une occupation militaire, restreinte au littoral des ports d'Alger, d'Oran et de Bone.

. Ce genre d'occupation ñe pouvant être que le prélude de l'abandon, la grande voix du peuple se fit entendre pour réclamer la conservation , les chambres approuveront le vœu national, et le gouvernement y adhérera !... Mais l'émir Abd-el-Kader, ayant osé nous attaquer , après l'avoir vaincu , au lieu de lui dicter des lois, on crut devoir lui abandonner, à l'exception de la province de Constantine et de quelques mille hectares de terrain aux portes d'Alger, on crut devoir, dis-je, lui faire don de toutes nos conquêtes dans l'espoir de jouir en paix de la banlieue d'Alger et de celle d'Oran. Un système aussi contraire à la raison devait avoir des suites funestes.

Avant la traité de la Taffna , nous n'avions affaire qu'à des chefs de tribus, qu'il était facile de diviser et d'armer les uns contre les autres ; et par ce traité inoui, sans exemple entre une puissance du premier ordre et un chef de tribus incivilisées , nous avions affaire à une nation toute entière à qui nous venions de donner un chef!.... Nous avions personnifié en lui la nationalité arabe qui auparavant était divisée et facile à soumettre!.... Cette faute grave a produit les sinistres résultats sur lesquels la France gémit!... Dès longtemps nous les avions prévus! L'Arabe comme tout peuple dans l'enfance de la civilisation, comme tout peuple qui ne connaît que le droit de la force, ne considère un traité de paix que comme une suspension d'armes; quand vous avez terrassé l'homme de la nature, ne souffrez pas qu'il se relève, il oublierait que vous l'avez vaincu!.... ou plutôt il ne s'en souviendrait que pour embrâser son ame du besoin de la vengeance! Après sa défaite, au lieu de lui rendre ses armes, il faut amoindrir ses forces au lieu de lui donner des chefs de sa nation, il faut les proscrire et le soumettre sans réserve à l'autorité du vainqueur!.... L'histoire romaine aurait dû nous épargner cette faute capitale, aussi longtemps que le sénat a laissé quelque pouvoir aux chefs numides et maures les soulèvemens se succédaient et nécessitaient de nouvelles guerres; ce n'est que quand ces contrées rebelles sont devenues provinces romaines, que la paix a régné sur les plages africaines!...

L'anarchie a fait son temps à Alger et dans toute l'Algérie; elle a porté des fruits amers!... Si l'on veut conserver ce beau pays et le coloniser, il faut absolument adopter un plan d'occupation générale. La prise d'armes d'Abd-el-Kader nous a rendu nos droits de conquête, par l'invasion de ses hordes sur notre territoire ; il a rompu le traité de la Taffna ; la France doit punir son manque de foi et venger le sang de ses enfans ! Mais il ne suffit pas de vaincre ces hordes errantes et ces tribus farouches, il faut les exterminer et en repousser les débris jusque dans les déserts !... Il faut mettre garnison dans toutes les villes de l'ancienne régence ; établir des camps sur les points intermédiaires, pour assurer et faciliter les communications ; il faut organiser plusieurs corps de cavalerie légère, montés sur des chevaux arabes, ou berbères, dont la mission sera de battre le pays dans toutes les directions, afin d'empêcher la réunion de bandes armées, et de détruire celles qu'ils rencontreraient dans leurs courses.

Si quelques tribus agricoles sollicitent du gougernement l'autorisation de rester sur notre territoire, en se soumettant à nos lois, et qu'elles l'obtiennent, il faut les désarmer et ne leur laisser de chevaux que ce qu'il sera nécessaire à la culture des terres qui leur seront désignées ; mais dans ce cas la prudence exigerait que les terrains qui leur seraient assignés fussent séparés et éloignés de ceux affectés à la colonisation européenne, afin d'éviter les malheurs qui sont arrivés et qui se renouvellent chaque jour encore dans la plaine de la Mitidja, aux portes mêmes d'Alger.

CHAPITRE IV.

**Du droit actuel de la France sur l'Algérie, depuis la prise
d'armes d'Abd-el-Kader.**

—

Comme nous l'avons déjà établi dans le cha-
pitre précédent, en 1830, le droit de la France
sur l'Algérie n'était que celui de la souveraineté,
de la possession du domaine privé, et de tous les
biens qui alors appartenaient à l'État; mais en
1840, le droit de la France sur l'Algérie est immense; c'est le droit de conquête dans son accep-
tion la plus étendue, c'est celui de la propriété
du sol conquis, et même de réduire en esclavage
ses farouches habitans !... Mais la France dont
la civilisation est parvenue au plus haut degré de
perfectionnement, la France, où autrefois même
un esclave devenait libre en mettant le pied sur

son sol, la France, est trop magnanime et trop philantropique pour donner des fers à un peuple vaincu !.... Elle se contentera de la confiscation des terres; elle aura même la générosité d'en laisser une partie aux vaincus, qui consentiront à vivre sous ses lois, et à jouir avec elle du produit des arts, et des avantages de la civilisation; le surplus des terres doit être exploité par la nation conquérante. Que ceux des indigènes qui méconnaîtront son autorité soient repoussés dans le désert.

Assez longtemps ce beau pays est resté inculte entre des mains inhabiles; la Providence qui veille sur la marche des peuples, nous a donné l'Algérie, l'ancienne Berbérie, pour nous indemniser de la perte de nos anciennes colonies, et nous faciliter l'écoulement de l'exubérance de notre population.

En effet, quel plus beau ciel, quelle terre plus fertile, mieux arrosée, plus près des côtes de France pouvait lui être offerte ?... L'ancienne Numidie, l'ancienne Mauritanie, cette belle colonie romaine placée entre les chaînes de l'Atlas qui l'abritent des vents brûlants du désert, rafraîchie par le grand nombre de rivières qui arrosent ses vallées, et les fertilisent, peut procurer avec abondance tous les produits de l'Europe et de l'Inde.

La terre si fertile de ces contrées d'une végétation tropicale, produira sous la main des Européens toutes les plantes précieuses à la médecine, aux arts, au luxe, qu'autrefois on allait chercher si loin et à de si grands frais.

Les plaines fertiles de la Mitidja, d'Homïga, de Madjenack, de Sudératak, de Del-Barïkeh, et celles qui bordent le Chiliff, la Mina, la Macta, et autres rivières, offrent un grand nombre de positions convenables pour des établissemens agricoles, et pour d'autres en tous genres.

Les avantages politiques, maritimes, et commerciaux que la France pourra retirer d'un système d'occupation générale sont incalculables.

Les avantages politiques résulteront naturellement de l'écoulement dans l'Algérie de l'exubérance de notre population ; écoulement qui ne pourra que faire disparaître peu à peu les agitations sans cesse renaissantes qui tourmentent la France.

Les avantages maritimes, de la possession d'un littoral immense sur les côtes de la Méditerranée, où se trouve un grand nombre de ports; tel que ceux d'Alger au centre, de Rochgoan, d'Oran, d'Arzow, de Montagenem, de Ténis, de Cherchell dans l'ouest; et de Dellys, de Bougie, de Gigelli, de Collo, de Stora, de Bone, et de la Calle dans l'est.

Enfin les avantages que le commerce français pourra en retirer, ne peuvent s'apprécier, tant par les objets de fabrication et de consommation, que la France pourra écouler dans l'Algérie, que par l'arrivage dans la métropole, à des prix mo-

diques, dès produits des deux Indes qui croî-
tront avec profusion sous la direction de colons
instruits.

La possession de l'Algérie, qui dans tous les
temps serait toujours pour la France d'une haute
importance, l'est bien davantage en ce moment,
si l'on considère la position politique de l'Orient.

CHAPITRE V.

Que la situation politique de l'empire ottoman exige l'occupation générale du territoire de l'ancienne régence d'Alger.

—

L'empire ottoman, colosse qui faisait trembler l'Europe du temps des croisades, n'existe plus que de nom !...

En Europe, les Grecs ont secoué le joug des Turcs, et se sont donné un roi !... Méhémet-Ali, ancien vassal de la Porte, a levé l'étendard de la révolte, et conquis une partie de la Turquie d'Asie ; la Thrace, la Macédoine, la Servie, la Bosnie, la haute Albanie, la Bulgarie, réclament leur indépendance ! La Russie, dont les forces maritimes, se sont prodigieusement accrues dans les ports de la mer Noire, a besoin du détroit des Dardanelles, pour les écouler dans la Méditerranée : le moment est venu pour cette puissance, de réaliser le grand projet de Catherine!....

Un sincère accord, entre les puissances de l'Europe, eut pu prolonger l'existence de l'empire ottoman, mais non lui rendre une nouvelle vie.

Une flotte anglo-française, agissant de concert, eut sans doute pu empêcher Ibrahim de franchir le canal des Dardanelles, et la flotte russe de se pavoiser sous les murs de Stamboul ; mais il était impossible d'empêcher une armée russe, traversant la Servie et la Bulgarie, d'arriver à Constantinople et d'arborer le drapeau des Czars, sur la coupole de sainte Sophie!.. Les flottes anglo-françaises eussent été pour cela impuissantes ; les troupes de débarquement, n'auraient pu lutter avec avantage contre une armée de 100,000 Moscovites...

L'Angleterre, convaincue de cette vérité, ne désirant pas d'ailleurs la conservation d'un empire qui s'ébranle de toutes parts, mais voulant l'amoindrissement de Méhémet-Ali, dont l'accroissement de puissance ne pouvait qu'entraver ses projets, s'entendit avec la Russie pour le partage de l'empire du croissant.

En vain l'on prétendrait que les puissances de l'Europe, s'opposeraient à l'occupation de Constantinople par les Russes ; nous avons déjà prouvé que la France et l'Angleterre réunies sont impuissantes ; reste donc l'Autriche et la Prusse : quant à la première, les rives du Danube, la Servie, la Bulgarie, jusqu'au Balkaus, sont fort à sa convenance... Et l'on trouverait facilement le moyen de récompenser la Prusse de sa neutralité. Pour arriver à ce drame d'une taille colossale, on exigera de Méhémet-Ali l'abandon d'une grande partie de ses conquêtes. Ibrahim alors marchera sur Constantinople, les flottes de Sébastapol et d'Odessa franchiront rapidement la mer Noire, se pavoiseront à la pointe du sérail, qui s'avance comme un promontoire entre trois mers, en face de l'Asie. Une garnison russe prendra possession de Constantinople, et des forts qui dominent le canal, une armée de la même nation entrera en Asie et marchera au devant d'Ibrahim.

Pendant ce temps, la flotte anglaise incendiera les flottes turco-égyptiennes renfermées dans le port d'Alexandrie ; des troupes de débarquement attaqueront la ville par terre, et la brûleront, si elles ne peuvent la prendre.

Le grand caractère de Méhémet et les préparatifs immenses qu'il fait en ce moment, doivent faire présager une forte résistance... Déjà il appelle à son aide les peuples de la Haute-Égypte, et les tribus nomades du désert; l'islanisme se personnifie en lui; tous les croyans se rangeront sous ses étendards ; le mouvement des puissances européennes qui s'opère sous le prétexte de la conservation de l'empire du croissant, n'est considéré par les Osmanlis que comme une nouvelle

croisade, ayant pour but de partager les vastes
domaines des descendans d'Othman, et de repousser au-delà du Liban les enfans du prophète !
Qu'on y songe bien, ce n'est pas à un pacha ré-
volté contre son souverain que l'on aura à com-
battre, c'est contre une partie des populations de
l'Asie et de l'Afrique qu'il faudra agir. L'étendard
du prophète va se déployer aux yeux des croyans,
et la guerre sainte va commencer!.....Si Ibrahim
peut entraîner dans son parti les Druses, les
Maronites, et les Mutualistes, nations guerrières
qui habitent le Liban, ce ne seront pas 50,000
Russes qui pourront arrêter ce torrent de barbares qui vont inonder les plaines de l'Asie mi-
neure.

La Russie eut pu s'emparer du détroit des
Dardanelles sans amener un conflit aussi colossal;
mais le désir qu'a l'Angleterre de posséder l'É-
gypte et l'isthme de Suez va mettre les armes à
la main aux trois parties de l'ancien monde !..
Pour éviter une guerre partielle, on aura une
guerre universelle.

Dans un moment aussi grave, que fera la
France ?... La France qui, en proportion de son
étendue, possède une population supérieure à
celle de toutes les puissances de l'Europe, restera-
t-elle, l'arme aux bras, spectatrice immobile du
grand drame qui va se jouer au Pont-Euxin, dans
les plaines de l'Asie et sur les bords du Nil ? Si
tel est le rôle qu'on lui réserve, qu'elle sache au

moins profiter des débris africains d'un empire qui n'est plus!.....

Je veux parler des côtes de Barbarie, où déjà nous avons un droit acquis par la conquête.

Si nous n'avons pas su mettre l'épée de la France dans les plateaux de la balance, où l'on va peser les provinces de ce grand empire, sachons au moins tirer partie de ce qui reste! Consolidons notre conquête, donnons lui tout l'accroissement possible; qu'une force militaire imposante, après avoir battu les tribus révoltées, s'établisse dans les villes de l'intérieur; que des camps placés sur les points intermédiaires paralysent et rendent impossible tous soulèvemens!.... Mais hâtons-nous; Abd-el-Kader, aidé d'une puissance jalouse, intrigue à Tunis et à Maroc; cette dernière puissance, assure-t-on, s'est déjà déclarée contre nous; si plus tôt nous avions puni Abd-el-Kader de son manque de foi, si au lieu de lui donner le temps d'intriguer et de se créer une alliance, nous avions depuis un mois attaqué les tribus qui lui sont soumises, et que nous les eussions rejetées au-delà de l'Atlas, avant qu'il eut eu le temps de se préparer à la guerre, Maroc n'eut pas fait alliance avec lui; c'est notre incertitude, notre inaction, qui a décidé l'empereur de Maroc à nous déclarer la guerre; maintenant l'épée est tirée, elle ne peut plus rentrer dans le fourreau qu'Abd-el-Kader et son allié ne soient vaincus!.... 50,000 Français sont maintenant réunis dans l'Algérie. Si l'on considère que 125 de nos braves soldats ont résisté quatre jours à 10,000 Africains, on ne peut douter que 50,000 balaieront devant eux, comme le vent balaie le sable du désert, cette race féroce qui trop long-temps a possédé ces belles contrées!.... Le temps de la vengeance céleste est arrivé. Dieu nous a confié son glaive flamboyant pour punir ces barbares de tous les crimes qu'ils ont commis depuis des siècles sur la race européenne!.... Qu'ils aillent dans les déserts vivre avec les tigres et les panthères, dont ils ont toute la férocité. Est-ce donc quand l'on va détruire l'empire ottoman en Asie, qu'il faudrait le laisser renaître de ses cendres sur les côtes d'Afrique.... Souffririons - nous qu'après avoir porté, une main hardie sur ces nids de pirates, ces farouches barbares couvrent encore une fois la Méditerranée de leurs corsaires inhumains!.... Non, la France est trop puissante pour abandonner une conquête qui, dans peu d'années, peut devenir une riche colonie qui l'indemnisera de toutes celles qu'elle a perdues, et des dépenses indispensables que les circonstances exigent!...

Lorsque le courage de nos braves soldats aura déblayé le terrain, lorsque maîtres des villes qui se trouvent aux pieds de l'Atlas, nous occuperons une ligne de postes militaires, qui formeront une barrière inexpugnable aux hordes qui descendraient des montagnes ; alors, et seulement alors il s'agira de s'occuper de colonisation!...

Le point qui doit d'abord fixer l'attention du gouvernement c'est le bassin désigné sous le nom de plaine de la Mitidja ; et sous ce nom, je n'entends pas seulement parler de cette fraction trop peu étendue qui se trouve entre Alger et Blidah, pour y écouler une partie de notre trop plein social ; j'entends y comprendre également le vaste territoire qui s'étend le long de la mer jusqu'à Cherchell, et qui se trouve compris entre le littoral et les versans du petit Atlas qui le borde au sud ; ce bassin a toujours fait partie de la plaine de la Mitidja.

Si l'on considère l'exiguité du territoire que le traité de la Taffna nous avait réservé dans la province d'Alger, et les délimitations que l'on avait choisies, on sera convaincu qu'à cette époque on ne voulait pas coloniser, car la partie de la Mitidja qui nous était réservée, ne contenant que 250,000 hectares et n'étant séparée des tribus les plus puissantes et les plus turbulentes de la régence que par la Chiffa, qui, les trois-quarts de l'année est presque à sec, il est évident que non seulement un territoire aussi restreint n'offrait pas la possibilité de créer une véritable colonisation, mais que sa mauvaise délimitation désignait d'avance à l'yatagan des Arabes les colons qui auraient l'inconséquence d'y former des établissemens !...

Pour coloniser la plaine de la Mitidja, il faut occuper Blidah, Coleah, Medeah, Milianah et le col de Monseija-Teniais; ce col est la clé du passage si difficile qui, d'un côté, conduit à la Mitidja, et, de l'autre, à Médéah. Ce col, ayant été livré à Abd-el-Kader par le traité de la Taffna, il n'est pas étonnant que quand il lui plaisait, il infestât la plaine de ses hordes de bandits. L'abandon de ce col est grave puisqu'il exposait sans cesse les colons et même les postes militaires à des massacres journaliers !...

Mais le temps des déceptions est passé, il est maintenant reconnu qu'on ne peut coloniser par les indigènes, ni avec les indigènes : M. Blanqui l'a démontré évidemment dans son rapport à l'académie. Il déclare positivement qu'on ne peut coloniser l'Algérie qu'avec des Européens, et que l'armée doit balayer devant elle toutes les races indigènes des campagnes où nous devons établir une colonisation.

Maintenant un grand problème est à résoudre, le gouvernement concédera-t-il cette plaine à des particuliers isolés, ou la concédera-t-il à une société d'actionnaires ?.... S'il la concède à des particuliers, après avoir assuré leur sûreté personnelle par une ligne de postes militaires, et de barrières naturelles tel que des rivières et des montagnes, il aura à pourvoir à la salubrité par des travaux d'assainissement que des individus isolés et sans capitaux considérables, ne pourraient opérer par eux-mêmes ; ou alors, il en résulterait ce qui est arrivé dans la portion de la plaine qui se trouve entre Alger et Blidah, c'est-à-dire des maladies qui moissonneraient la nouvelle population.

Mais si le gouvernement concédait cette plaine à une société d'actionnaires, cette société ferait elle-même les dépenses d'assainissement que des particuliers ne pourraient supporter.

On nous objectera sans doute que le gouvernement ne peut concéder ce qui l'a déjà été par les indigènes à des Européens, et que ces concessions absorbent la plus grande partie du territoire qui composait la province d'Alger d'après la traité de la Taffna.

Pour répondre à cette objection et la résoudre, il est indispensable d'étudier et de méditer les lois du Koran qui régissaient le territoire de l'ancienne régence lors de la conquête.

CHAPITRE VI.

Qu'il résulte de la législation arabe et du droit de la conquête que la France peut disposer de tout le territoire de l'Algérie.

Dans l'ancienne régence, il y avait plusieurs espèces de propriétés : 1º les biens de l'État appelés domaine et dans lesquels étaient comprises les propriétés du Dey; 2º les biens des corporations, sortes de propriétés collectives possédées par association, quelquefois même par une tribu tout entière; 3º enfin les biens des particuliers; ces derniers étaient divisés en deux grandes catégories, savoir : les biens libres ou *melks*, et les biens engagés, désignés sous le nom d'*habous*.

On appelait propriétés *habous* ou engagées, les biens dont un particulier octroyait la nue propriété à un établissement de bienfaisance ou à tout autre, s'en réservait la jouissance pour lui

même et pour ses héritiers dans une ligne déterminée. Ces donations se faisaient ordinairement
au profit de La Mecque ou de Médine, ou en fa-
veur des mosquées, ou des marabouts : l'usage
de ces espèces de substitutions était tellement répandu dans la régence, que l'immense majorité
des propriétés n'a pas aujourd'hui d'autre base.

Il est essentiel d'indiquer ici que, chez les Arabes, le prix des ventes, même des biens libres,
ou melks, n'est jamais stipulé qu'en rentes per-
pétuelles, au lieu de l'être en un capital déterminé. Il est aussi très important de faire connaî-
tre une espèce de contrat, qui n'était réellement
qu'un véritable bail sans terme fixe.

Il consistait de la part du possesseur d'un immeuble, qui ne pouvait faire les dépenses nécessaires pour réparations ou améliorations, à en cé-
der la jouissance à un tiers, moyennant une rente
annuelle, et l'engagement de la part du preneur
de faire les réparations et dépenses d'entretien ;
mais le bailleur se réservait le fond, sans pouvoir augmenter la redevance, qui était immuable.
Il est bon d'observer aussi que le bailleur n'était
souvent qu'un usufruitier, traitant de son privi-
lége avec un autre détenteur provisoire, qui sou-
traitait lui-même avec un troisième.

C'est ainsi que les Européens ont cru acquérir
des immeubles, quand les musulmans ne croyaient
que leur louer !....

Il résulte évidemment de la législation musulmane, que les biens *habous* sont inaliénables de leur nature, et que ces biens forment la majeure partie des immeubles de la régence.

Que, quant à ceux connus sous la dénomination de melks ou libres, ils sont en petit nombre, et que même presque tous ces biens ont perdu leur véritable caractère primitif, par aliénations de toutes espèces, et notamment de la nature de celles désignées sous le nom de bail sans terme fixe : que conséquemment, toutes ventes faites par des indigènes à des Européens sont nulles, et ne peuvent être considérées que comme des baux.

Que dans cet état de choses, le gouvernement, qui, d'après la révolte des indigènes et leur conduite atroce, n'est plus tenu d'exécuter l'article de la capitulation concernant l'inviolabilité des propriétés , le gouvernement, dis-je, d'après le droit que lui donne la conquête sur des tribus barbares, est devenu propriétaire de tous les immeubles de la régence, soit qu'ils aient appartenu au domaine, aux corporations religieuses, aux tribus, ou même à des particuliers; et il peut donc le concéder à des compagnies, ou à des Européens isolément, individuellement , s'il le juge convenable dans l'intérêt de l'État. Cette mesure, qui est indispensable, ne peut porter aucun préjudice aux Européens qui ont cru acquérir des immeubles dans l'Algérie, car comme ils ne les ont acquis qu'à charge de rente, le gouvernement qui remplacera les anciens propriétaires, en annulant les ventes renoncera aux redevances; dès-lors point de dommage.

Si cependant quelques-uns avaient fait des constructions importantes sur les terrains qu'ils avaient cru acquérir, et qu'ils fussent en état par leur fortune de créer des exploitations de grande culture, alors dans ce cas, le gouvernement pourrait leur faire de nouvelles concessions de ces immeubles ; mais celles faites par les indigènes sont radicalement nulles, et doivent être déclarées telles.

Si on laissait subsister l'ancienne législation arabe, et que l'on confirmât les aliénations faites par les indigènes, le système des substitutions et de la main-morte qui frappe d'inaliénabilité tous les biens *habous*, ou engagés, et même le plus grand nombre de ceux appelés melks, ou libres, serait un obstacle invincible à ce qu'il se fît dans l'Algérie des établissemens d'une certaine importance. Quel serait, je le demande, le locataire ou l'usufruitier, qui y placerait des capitaux considérables pour créer ou améliorer un immeuble dont il ne serait pas propriétaire ?.....

Une grande mesure législative est indispensable : lorsque notre brave armée aura expulsé du sol de l'Algérie toutes ces bandes nomades et les tribus féroces qui ont méconnu les lois des nations civilisées, lorsqu'une victoire décisive, et une punition sévère auront rétabli notre prépondérance sur les côtes de l'Afrique, et répandu

une terreur salutaire chez les peuples de Tunis
et de Maroc ; alors, le devoir du gouvernement
sera de présenter aux chambres un projet de loi,
ayant pour base de déclarer le territoire conquis
propriété de l'État, et autorisant le gouvernement à le concéder à des Européens individuellement, ou à des sociétés d'actionnaires, qui pren-
draient l'engagement de faire les travaux d'assainissement, de défrichement, de culture, et de
construction pour dans un temps donné, réaliser une véritable colonisation.

Mais il ne faut pas se le dissimuler, de longtemps encore des cultures isolées faites par des
particuliers seraient coûteuses, dangereuses et
sans efficacité.

Comme je l'ai dit dans la préface de cet ouvrage, il n'y a qu'une puissante société d'actionnaires qui, dans le principe de la colonisation,
puisse supporter les dépenses considérables que
nous venons d'indiquer, et qui au besoin puisse,
par le grand nombre de ses engagés volontaires
organisés en bataillons coloniaux, résister aux
attaques des débris des bandes nomades ; qui
longtemps encore feront irruption dans nos li-
gnes, malgré toute espèce de précautions.

Mais, lorsque le pays sera purgé de ces hordes
de bandits, et qu'une société puissante aura cons-
truit, au centre de ses grandes exploitations, des
villages fortifiés, d'où pourront sortir des bataillons coloniaux, pour repousser et châtier vigou-

reusement ces forbans du désert, alors, et seulement alors, près de ces nouvelles forteresses et sous leur protection pourront se former des établissemens particuliers.

Il serait donc à désirer que le gouvernement, dans l'intérêt de la France et de la colonisation, concédât à une société d'actionnaires les droits que lui donne la conquête, 1º sur le Sahel, la plaine de la Mitidja dans toute son étendue et les versans de l'Atlas qui lui servent de limites ; 2º Sur les riches plaines qu'arrose le Chiliff, à partir de son embouchure et en remontant le cours de ce fleuve, jusqu'au limites du territoire conquis; 3 Enfin, sur toute l'étendue des terres que la conquête soumettra à la France, dans les territoires de l'ancienne régence d'Alger, à l'exception de la province de Constantine, qui, pour le moment', est soumise à un régime qui ne permet pas la colonisation par la nation conquérante.

Dans l'hypothèse d'une charte de concession octroyée par le roi, d'après l'autorisation des chambres, à une société d'actionnaires, nous présentons le projet suivant aux capitalistes français, qui seraient disposés à placer des fonds dans une entreprise lucrative et éminemment utile à la France. Ce plan de colonisation est d'autant plus national, que non seulement pour une modique somme on pourra acquérir un lot de terre considérable ; mais que même l'artiste, l'artisan, le cultivateur, le manouvrier qui n'auront pas la possibilité de payer une action, pourront se la procurer en engageant leur art, leur industrie et leur travail à la société pour un temps déterminé.

CHAPITRE VII.

Précis du système général, financier et administratif d'une société d'actionnaires pour la colonisation de l'Algérie.

La société coloniale de l'Algérie se compose, savoir :

1º D'actionnaires colons;

2º D'actionnaires capitalistes;

3º D'artistes, d'artisans, de cultivateurs et de manouvriers engagés.

Le capital social est de cinquante millions, représentés par cinquante mille actions de mille francs.

Ce capital aura pour hypothèque toutes les terres concédées à la société coloniale par une ordonnance royale autorisée par une loi, ainsi que tous les bâtimens qui seront construits pour le compte de la société collectivement.

Jusqu'à l'obtention de l'ordonnance royale, il sera délivré à chaque actionnaire inscrit aux registres de la société coloniale de l'Algérie, une promesse d'action qui sera échangée contre une action définitive dans les trois mois qui suivront l'obtention de l'ordonnance royale, à charge par eux de payer 500 francs lors de la délivrance de l'action définitive, et 500 francs en une traite à six mois à l'ordre du directeur chargé de l'administration générale de la société.

Dans le cas où lesdites traites ne seraient point soldées à leurs échéances, les souscripteurs perdraient leurs droits d'actionnaires ainsi que les 500 fr. par eux versés lors de la délivrance de l'action.

Quant aux actionnaires qui ne se feront inscrire qu'après l'obtention de l'ordonnance royale, l'action définitive leur sera délivrée de suite, en payant comptant une somme de 500 francs, et en souscrivant une traite de pareille somme à six mois, à l'ordre du directeur chargé de l'administration générale.

Ces derniers seront soumis aux mêmes obligations que ceux inscrits avant l'obtention de l'ordonnance royale.

DES ACTIONNAIRES COLONS.

Les actionnaires colons seront ceux des membres de la société coloniale qui, étant propriétaires d'une ou de plusieurs actions coloniales, déclareront vouloir se rendre dans l'une des possessions coloniales concédées à la société pour y cultiver les terres qui représenteront la valeur de chaque action, et y jouir de tous les droits qui seront attachés à la qualité d'actionnaires colons.

Les droits d'actionnnaire colon, propriétaire de l'une des 3,000 premières actions coloniales, seront, pour chaque action de 1,000 fr., d'une concession de 200 hectares de terres dans l'une des possessions de la société, et d'une part au dividende quinquennal dans les bénéfices des cultures et du commerce qui seront faits pour le compte de la société collectivement.

Les actions inscrites à la suite du n° 3,000 et jusqu'au n° 6,000, n'auront droit qu'à la possession de 100 hectares pour chaque action de 1,000 fr., mais ils auront également droit à une part dans le dividende quinquennal.

Enfin, les actions inscrites après le n° 6,000, n'auront droit qu'à 60 hectares de terres par chaque action de 1,000 fr., et à une demi-part dans le dividende quinquennal.

En attendant l'époque de la mise en jouissance des terres représentant la valeur des actions coloniales, qui sera déterminée par une décision du conseil-général de la société, les actionnaires colons recevront un intérêt de 6 pour 0[0 par an, lequel leur sera payé tous les trois mois, à compter de la fin du mois du versement des actions, et ce, jusqu'à la mise en jouissance des terres représentant la valeur des actions.

Les actions coloniales sont aliénables, et pourront se vendre et se transférer moyennant un droit de transfert de 5 pour $0|0$; mais dans aucun cas, les fonds versés dans les caisses de la société, pour acquérir une ou plusieurs actions coloniales, ne pourront jamais être retirées.

DES ACTIONNAIRES CAPITALISTES.

Les actionnaires capitalistes sont ceux des membres de la société coloniale qui, en se faisant inscrire sur les registres, déclarent vouloir placer leurs fonds en qualité d'actionnaires capitalistes, pour en retirer un intérêt, et participer aux bénéfices des cultures en grand, et du commerce qui se fera pour le compte de la société coloniale, collectivement et en son nom.

Les fonds des actionnaires capitalistes sont hypothéqués sur toutes les propriétés foncières collectives de la société, c'est-à-dire sur celles non aliénées aux actionnaires colons, et ce, au prorata des sommes versées, et spécialement sur des portions de terrains égales à celles délivrées aux actionnaires colons propriétaires d'actions coloniales de la même série, et portées sous les mêmes numéros.

Les actions capitalistes comme les actions coloniales peuvent être vendues et transférées, en payant un droit de transfert de 5 pour 0|0 de la valeur nominale de l'action.

En 1846, les 12000 premières actions capitalistes pourront toutes être changées en actions coloniales avec les avantages attachés aux numéros correspondans de ces derniers, et ce, en payant également un droit de mutation de 5 pour 0|0, mais dans aucun cas les fonds versés dans les caisses de la société pour acquérir des actions capitalistes, ne pourront jamais être retirés.

Il sera payé provisoirement aux actionnaires capitalistes un intérêt de 6 pour 0|0 par an ; cet intérêt sara payé tous les trois mois, à compter de la fin du mois du versement des actions.

En sus de cet intérêt, les actionnaires auront droit à une part dans le dividende quinquennal, en proportion du nombre d'actions dont ils seront propriétaires, et de la série dans laquelle se trouveront inscrites les actions.

DES ENGAGÉS.

Les engagés sont ceux des membres de la société coloniale, cultivateurs, artistes, artisans, ouvriers qui obtiennent d'être inscrits au nombre des membres de cette société en lui engageant pour un temps déterminé, leur talent, leur industrie, leur travail, dans la vue d'obtenir en échange de l'emploi de ce talent, de cette industrie, de ce travail, la totalité des droits qui sont assurés aux actionnaires colons pour une action coloniale.

Il y a plusieurs classes d'engagés ; les engagés artistes, les engagés artisans, les engagés cultivateurs et les engagés manouvriers.

Les artistes et les artisans seront employés aux constructions ; les cultivateurs et les manouvriers à la culture des terres et aux plantations.

Après les travaux d'assainissement et de défrichement, on procédera à l'assollement ; alors la société fera construire au centre de chaque exploitation les bâtimens et hangards nécessaires pour loger les empolyés et contenir les produits du sol. Tous ces établissemens seront entourés de fossés, et d'un rempart palissadé, afin de pouvoir résister à un coup de main.

Les engagés de toutes les classes en outre des travaux qui leur seront affectés, formeront un corps de milice coloniale, spécialement chargé de la garde et de la défense des propriétés de la société.

Les officiers de ce corps seront pris parmi les actionnaires colons, et les sous-officiers, parmi les engagés qui auront déjà servi, ou parmi ceux qui auront le plus de capacité.

La nomination des uns et des autres sera faite

par la commission administrative de la société coloniale.

Les engagés de toutes les classes seront nourris, logés et entretenus aux dépens de la société coloniale et ils auront en outre, un traitement qui variera selon le services qu'ils pourront rendre ; mais dans ce traitement sera retenu annuellement 200 fr., lesquels 200 fr., au bout de cinq années expirées, donneront droit à chaque engagé à être inscrit sur les registres de la société en qualité d'actionnaire colon et à pouvoir exiger la délivrance de deux cents hectares de terres, non comprises dans les exploitations déjà en valeur faites pour le compte de la société coloniale collectivement, ou pour des actionnaires colons individuellement.

Les engagés devenus actionnaires colons, auront droit de vendre leurs actions, ou les terres qui leur seront délivrées en représentation de ces actions, à charge par l'acquéreur de payer un droit de transfert de 5 0ı0 de la valeur nominale de l'action.

Les engagés ne seront au compte de la société qu'à dater du jour de leur départ de France pour la colonie : ils y seront transportés par des bâtimens appartenant à la société, ou frétés par elle à cet effet.

Le jour qu'ils recevront leur ordre de départ, ils signeront un traité d'engagement pour cinq ans ; ce traité dont il leur sera remis une expédi-

tion, énoncera leurs obligations envers la société coloniale, et les avantages qui leur sont
accordés par les présens statuts.

La société accueillera avec bienveillance parmi
ses membres, comme engagés, les militaires qui
obtiendront leurs congés pendant leur séjour
dans la colonie.

DE L'ADMINISTRATION DE LA SOCIÉTÉ COLONIALE DE L'ALGÉRIE.

Le pouvoir de faire, ou d'approuver les réglemens généraux résident pour toute société, ou
compagnie de commerce, dans l'assemblée de
tous ses membres; il découle de ce principe immuable que les actionnaires colons et capitalistes
ont seuls le droit de régler leurs intérêts pécu-
niaires et tous ceux résultant de l'association, soit
par eux-mêmes, étant réunis à cet effet, soit par
des délégués, revêtus de tous leurs pouvoirs.

DE L'ASSEMBLÉE GÉNÉRALE.

L'assemblée générale des actionnaires se réunira à la fin de chaque année pour entendre le
rapport de la commission administrative sur la
situation financière de la société et pour discuter, modifier, approuver, ou rejeter les projets

de constructions, de culture et de commerce qui lui seront présentés par la commission administrative.

Cette assemblée discutera spécialement et approuvera ou modifiera l'état des dépenses qui lui sera présenté par la commission administrative à la fin de chaque année pour la suivante.

Jusqu'en 1846, l'assemblée générale des actionnaires ne pourra jamais excéder 2000, et ce nombre sera pris parmi les actionnaires possédant le plus d'actions coloniales et capitalistes.

Cette assemblée sera convoquée et prorogée chaque année par la commission administrative.

L'assemblée, présidée d'abord par le doyen d'âge, présentera cinq candidats à la commission qui désignera l'un d'eux pour président.

Cette assemblée présentera ensuite cinq autres candidats parmi lesquels la commission en désignera deux pour remplir les fonctions de vice-présidens.

Ces deux opérations terminées, l'assemblée formera son bureau et arrêtera son réglement intérieur.

DU CONSEIL GÉNÉRAL.

Le conseil général sera composé de cinquante et un membres.

Pour être du conseil général il, faudra être propriétaire de vingt actions au moins.

Seront considérés comme membres du conseil général les cinquante et un membres de la société inscrits les premiers sur les registres comme possédant vingt actions coloniales ou capitalistes.

La durée des fonctions du premier conseil général sera de cinq ans.

Ce délai expiré, le renouvellement s'opérera par cinquième, d'année en année.

Il sera procédé à la désignation des membres sortant d'après leurs inscriptions aux registres des actionnaires, et en commençant par les derniers inscrits.

Les nouveaux élus de ce conseil seront alors nommés par l'assemblée des actionnaires à la majorité absolue ; mais seront seuls éligibles les membres de la société possédant au moins vingt actions.

Les membres sortant seront indéfiniment rééligibles.

Le conseil général sera convoqué par la commission administrative toutes les fois qu'il sera nécessaire ; mais il se réunira de droit une fois tous les trois mois et à l'époque de l'assemblée générale des actionnaires.

Le conseil pourra discuter et approuver sans le concours de l'assemblée générale, 1º les projets de réglemens ou d'état de dépenses ; 2º les transactions et mesures importantes exigeant une

décision, qui lui seront présentées dans les inter-
valles des sessions de l'assemblée générale, par
la commission administrative.

Le conseil général renouvellera chaque année
son bureau ; il nommera son président, ses vice-
présidents et ses secrétaires au scrutin et à la majorité absolue des suffrages.

DE LA COMMISSION ADMINISTRATIVE.

Une commission de cinq membres, prise au
sein du conseil général, sera chargée de l'administration et de la gestion de toutes les affaires
de la société coloniale.

Les membres de cette commission porteront le
nom de directeurs ; chacun d'eux sera chargé
spécialement d'une partie de l'administration.

Seront membres de cette commission :

1º L'auteur du présent mémoire et des statuts
de la société ;

2º Les quatres premiers actionnaires inscrits
aux registres de la société, après l'auteur, pour
chacun vingt actions.

Le traitement de MM. les directeurs ainsi que
les frais de bureau de l'administration seront
fixés ultérieurement par un arrêté du conseil
général.

La durée des fonctions de cette commission sera de cinq ans.

Ce délai expiré, la commission administrative se renouvellera par cinquième, d'année en année.

Il sera procédé à la désignation du membre sortant, d'après son inscription au registre des actionnaires, et en commençant par le dernier inscrit.

Le nouveau directeur sera alors nommé par l'assemblée générale des actionnaires, à la majorité absolue des voix, sur une liste de cinq candidats présentés par le conseil général et pris parmi les membres qui posséderont au moins vingt actions.

Cette commission sera composée :

1º Du directeur, chargé de l'administration générale ;

2º Du directeur du trésor;

3º Du directeur des travaux d'assainissement;

4º Du directeur des contributions;

5º Du directeur du commerce.

Indépendamment d'un secrétaire général, il y aura cinq adjoints, mais qui n'exerceront de fonctions que dans le cas de décès ou d'absence reconnue du directeur auquel chacun d'eux sera adjoint.

Seront adjoints à MM. les directeurs les cinq membres de la société coloniale qui auront été inscrits après MM. les membres de la commission administrative pour chacun vingt actions.

Mais à l'avenir MM. les adjoints seront nommés de la même manière que MM. les directeurs.

Lesdits membres de la société qui, après les cinquante et un sus désignés, seront propriétaires de vingt actions, remplaceront au conseil général MM. les directeurs et MM. les adjoints, afin que le conseil soit toujours de cinquante et un membres.

Les membres de la commission se réuniront de droit quatre fois par année, et toutes les fois qu'ils y seront invités par le directeur chargé de l'administration générale.

La commission administrative nommera le secrétaire général et à tous les emplois dont la nomination n'est pas réservée à l'assemblée générale des actionnaires ou au conseil général.

Toutes les décisions importantes de la commission seront prises à la majorité des voix.

Tous les directeurs présens signeront au registre.

Chaque directeur sera responsable pour ce qui a rapport à ses fonctions particulières, comme toute la commission et spécialement le directeur chargé de l'administration générale, le seront de toutes les décisions prises et portées au registre des délibérations.

FIN,

Imprimerie de Worms, boulevart Pigale, 20. (Extra muros.)

TABLE DES MATIÈRES.

FIN DE LA TABLE DES MATIÈRES.

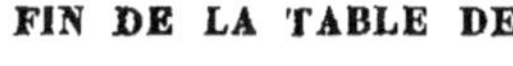